Índice

Rourke Educational Media
rourkeeducationalmedia.com

¿Puedes encontrar estas palabras?

autobús

reglas

salvavidas

seguros

¿Quién pone las reglas?

Las **reglas** nos dicen cómo actuar.

¿Quién pone las reglas en la escuela?

Los maestros ponen las reglas.

¿Quién pone las reglas en casa?

Los papás ponen las reglas.

¿Quién pone las reglas en el **autobús**?

Los conductores ponen las reglas.

¿Quién pone las reglas en la piscina?

Un **salvavidas** pone las reglas.

Las reglas nos ayudan a llevarnos bien.

Las reglas nos mantienen **seguros**.

¿Encontraste estas palabras?

¿Quién pone las reglas en el **autobús**?

Las **reglas** nos dicen cómo actuar.

Un **salvavidas** pone las reglas.

Las reglas nos mantienen **seguros**.

Glosario fotográfico

autobús: un vehículo grande que lleva a muchas personas.

reglas: instrucciones que nos dicen qué hacer y nos ayudan a mantenernos seguros.

salvavidas: nadador experto que está entrenado para rescatar nadadores cuando están en peligro.

seguros: protegidos del peligro.

Índice analítico

Sobre la autora

Savina Collins vive en Florida con su marido y sus cinco hijos aventureros. Savina disfruta ver a sus hijos surfear ¡y a los pelícanos zambullirse para pescar!

www.rourkeeducationalmedia.com

PHOTO CREDITS: Cover: ©muharrem öner; p.2,8-9,14,15: ©martinedoucet; p.2,10-11,14,15: ©Gene Chutka; p.2,3,14,15: ©Spcteam | Dreamstime.com; p.2,13,14,15: © kajakik; p.4-5: ©kristian sekulic; p.6-7: ©monkeybusinessimages; p.12: ©FatCamera

Edición: Keli Sipperley
Diseño de la tapa e interior: Rhea Magaro-Wallace
Traducción: Santiago Ochoa
Edición en español: Base Tres

Library of Congress PCN Data
¿Quién pone las reglas? / Savina Collins
(Mi mundo)
ISBN (hard cover - spanish)(alk. paper) 978-1-64156-926-2
ISBN (soft cover - spanish) 978-1-64156-950-7
ISBN (e-Book - spanish) 978-1-64156-974-3
ISBN (hard cover - english)(alk. paper) 978-1-64156-174-7
ISBN (soft cover - english) 978-1-64156-230-0
ISBN (e-Book - english) 978-1-64156-283-6
Library of Congress Control Number: 2018955984

Printed in the United States of America, North Mankato, Minnesota